ÉTUDES POLITIQUES.

ÉTUDES POLITIQUES.

I.

DU GOUVERNEMENT PROVISOIRE

ET DE SES ACTES,

PAR

P. COULY.

Prix : 50 centimes.

PARIS,

LIBRAIRIE D'AMIOT, ÉDITEUR, 6, RUE DE LA PAIX.

1848.

I.

CONSIDÉRATIONS GÉNÉRALES.

Dès les premiers jours de la révolution, lorsque la crise financière menaçait le pays d'une catastrophe effroyable, tenant compte des obstacles que le gouvernement provisoire devait rencontrer dans sa marche, j'écrivais dans l'*Europe industrielle :*

« Le jour des discussions arrivera ; commençons par agir ;
» il faut prêter un concours efficace, puissant ; pas de paroles,
» mais des actes. »

Je faisais appel à la générosité des contribuables. — Il fallait que, d'un bout de la France à l'autre, les contributions fussent payées, pour donner aux ateliers nationaux, aux travaux publics, à la marine, à l'armée, une impulsion salutaire, pour ramener la tranquillité et assurer le triomphe des libertés que nous venions de conquérir.

C'était alors une question toute de confiance et de dévoûment. La position était périlleuse, et on devait craindre de l'aggraver par des critiques injustes ou prématurées : il fallait attendre et espérer. Maintenant il n'en est plus ainsi ; le gouvernement provisoire a déposé ses pouvoirs dans les mains des représentants du peuple souverain. On doit lui demander compte de sa mission.

C'est un grand honneur d'avoir présidé, ne fût-ce que pour quelques heures, aux destinées de sa patrie ; c'est une gloire éternelle d'avoir bien mérité d'elle.

Le gouvernement provisoire a-t-il, en effet, bien mérité de la patrie? A-t-il des droits imprescriptibles à sa reconnaissance?

L'histoire répondra. — En dehors de tout esprit de parti, de toute prévention, plus froid, plus calme, l'avenir seul peut juger de si graves questions.

Placé au milieu des évènements, admirateur ou ennemi des choses et des hommes, il est facile de se tromper. Se prononcer affirmativement serait pour le moins hasardeux. Les intelligences les plus vastes devraient reculer devant une semblable tâche. Nul ne possède la vérité absolue. On doit se borner à examiner les faits à son point de vue, et rien de plus. C'est ce que je m'efforcerai de faire.

Et d'abord, un mot sur la situation à l'époque des journées de février.

Trompé dans ses espérances, dépossédé de ses droits, blessé dans sa dignité, plongé dans l'abîme de la corruption où l'on voulait l'étouffer et le perdre, le peuple se redresse ; il sent son cœur battre d'indignation ; il sort de sa léthargie apparente ; le cri de la réforme l'éveille. Appuyé sur la justice, il se décide enfin à demander un soulagement à ses maux ; il réclame avec calme sa part de la vie politique. Loin de céder à cette voix solennelle, la tyrannie s'irrite ; elle veut peser de tout son poids. Le peuple s'assemble pour protester : on le disperse ; on se bat, le sang coule, et le gouvernement de juillet, traître à son origine, s'ébranle, s'écroule et se brise sous les mêmes pavés qui l'avaient établi. La démocratie triomphe !

Que va-t-il arriver? On parle d'abdication, il est trop tard ; de régence, trop tard encore ; le peuple s'avance, chacun est en émoi, mais tous ont soif de liberté ; on éprouve le besoin de se régénérer. Le monde est frappé d'étonnement et d'admiration ; il est là, il nous contemple. Un sang généreux a effacé la honte dont on couvrait la France ; un nouvel horizon se dévoile, et la République, dont on osait à peine parler la veille, parce qu'on ne se croyait pas encore digne d'elle, apparaît comme le seul gouvernement possible d'une grande nation. Prononcé par quelques hommes d'énergie, ce mot remplit bientôt toutes les bouches : on crie *vive la République !* et la chambre, ce dernier vestige du régime constitutionnel, se dissout. L'on forme un gouvernement provisoire.

Ici commence tout naturellement la discussion.

Devait-on établir un gouvernement provisoire, ou proclamer la République comme étant le gouvernement définitif de la France ?

L'expérience a répondu : Le provisoire est funeste aux affaires, aux transactions commerciales ; il engendre la défiance, excite l'égoïsme du riche ; il fait disparaître le numéraire de la circulation, il détruit le crédit. Alors l'enthousiasme, si nécessaire pour fonder des monuments durables, s'éteint, la crainte et le découragement circulent, les calamités publiques se préparent. Laisser pendant près de trois mois trente-cinq millions d'habitants dans l'incertitude du sort qui leur est réservé, c'est les exposer à de dangereuses éventualités, à la division, à la guerre civile.

En établissant aussitôt, au contraire, un gouvernement définitif, je parle des systèmes et non des hommes, en l'appuyant sur des mesures sages et promptes, on entretient la confiance, on empêche les sources de la prospérité du pays de se tarir. En réprouvant les abus du passé, en cherchant avec soin et sans crainte les moyens de rétablir dans son ensemble et dans ses détails l'équilibre social, on allège le présent, et on le fait concourir aux améliorations de l'avenir.

Rien n'est interrompu dans la grande machine, on ne fait que remplacer des ressorts vieux et à demi-brisés par des rouages forts et nouveaux. Le gouvernement de tous par tous et pour tous s'élève sur les ruines du gouvernement anti-humain de quelques-uns pour quelques-uns. Le règne de l'or et de l'égoïsme s'achève, celui du travail et de la vertu commence, une transformation admirable s'opère.

Mais, diront les amis du provisoire, proclamer un gouvernement définitif au lieu d'en appeler au vote universel, c'es manquer au respect dû à la volonté de la nation, c'est faire injure au pouvoir souverain.

Oui, sans doute, c'est vrai. Dans les temps ordinaires, la grande voix de la France doit couvrir les clameurs des partis. Lorsqu'on procède par voie de pétition, quand on peut exercer ses droits sans entraves et avec dignité, lorsque la parole et la persuasion suffisent, la nation seule a la toute-puissance ; à elle seule le droit de faire prévaloir sa volonté, de dicter les lois qui doivent la régir. Mais dans les cas exceptionnels, comme celui où la Révolution venait de nous placer, lorsque par son courage, par d'héroïques efforts, au prix de son sang, au péril de sa vie, le peuple venait de renverser un trône, de reconquérir l'héritage de nos pères, et d'inscrire sur nos drapeaux les mots sublimes de liberté, d'égalité et de fraternité ; lorsque debout, vainqueur sur les barricades, il voulait faire partager à tous sa joie et son bonheur, quand Paris tressaillait d'allégresse, et que le travailleur, la garde nationale et l'armée répondaient au cri d'indépendance et s'embrassaient dans une même étreinte, hésiter et remettre en question le gouvernement démocratique, c'était laisser aux partis vaincus, mais désespérés, furieux, le temps de se ranimer et de profiter d'un moment de discorde pour ressaisir leur proie et la dévorer. C'était arracher au peuple les fruits de sa conquête, c'était exposer le triomphe de la révolution des idées aux réactions de la révolution brutale, c'était fomenter l'anarchie !

Les membres du gouvernement l'ont si bien compris ainsi, qu'après avoir déclaré se soumettre à l'opinion de la nation, ils se sont hâtés de promulguer un nouveau décret pour proclamer la République. Mais le coup était porté, on avait paru douter de sa force, les ennemis renaissaient à l'espérance.

On s'est donc trompé, je le crois, en établissant un gouvernement provisoire. Ou on le plaçait dans l'impossibilité d'agir d'une manière utile, complète; ou on l'exposait à mettre plusieurs de ses actes en contradiction avec son titre même.

Ce n'est pas tout, une faute plus grave a été commise : c'est le retard apporté dans les élections.

Du jour où il a été décidé que la France entière indiquerait la forme définitive de son gouvernement, il fallait la mettre à même de se prononcer immédiatement.

Après avoir organisé d'urgence la garde nationale, et avoir procédé à son armement plus ou moins complet par des moyens rapides, afin de lui confier le soin de veiller à la tranquillité et à la défense de l'intérieur, pour pouvoir consacrer sans réserve l'armée au service des frontières, au lieu de l'exposer à se trouver en opposition avec le peuple, et de la placer de nouveau dans la situation affreuse de manquer à l'humanité ou à son devoir, il fallait s'occuper incessamment des élections pour l'Assemblée nationale. Des commissaires dévoués, et jouissant de l'estime publique, devaient donner à leur administration une direction intelligente et active ; il fallait simplifier le travail électoral, entretenir l'enthousiasme, parler aux sentiments généreux, se confier à la sagesse du peuple, le faire voter sans retard. Si l'on avait agi ainsi, l'Assemblée eût été alors vraiment républicaine. L'élan était donné, la révolution de février avait trouvé de l'écho dans tous les cœurs. La République, dégagée de son vieux cortège de passions, de sang et de vengeance, se montrait telle qu'elle doit être, telle qu'elle est, digne, puissante et généreuse. Elle effaçait les partis, elle voulait protéger tous les Français et les réunir dans un amour immense, elle venait assurer le bonheur de tous les citoyens.

Demandée avec acclamation par ceux qui souffrent, par les hommes convaincus qui ont toujours pratiqué les dogmes de l'égalité, de la fraternité, la République aurait été également proclamée par les hommes de raison ; ils auraient vu en elle la garantie réelle de l'ordre et de la prospérité ; ceux-là même qui, par intérêt, par habitude ou par antipathie, condamnaient les gouvernements populaires, se seraient ralliés sincèrement ; ils auraient craint de rappeler des jours terribles, et n'auraient pas osé rêver le retour d'un passé à jamais disparu.

Au lieu de cela, que fait-on ?

Le 4 mars, le Gouvernement provisoire fixe la convocation des assemblées électorales au 9 avril, et la réunion des représentants du peuple au 20 du même mois.

Ce délai était déjà trop long ; il donnait à la réaction le temps de s'organiser, de se préparer à la lutte. Néanmoins, rien n'était encore perdu. En prenant de bonnes dispositions, en se rendant un compte exact de la situation, en donnant aux commissaires, chargés de diriger les opérations électorales et de défendre les intérêts de la patrie, des instructions précises, en marchant d'un pas ferme et sûr dans la voie du progrès, en tenant en éveil le patriotisme du peuple, et surtout en engageant les fonctionnaires à soutenir la candidature des plus dignes, et en exigeant l'abnégation absolue de leur amour-propre ou de leur ambition personnelle au profit de tous, on pouvait obtenir la confiance de la majorité et compter sur de véritables sympathies. Mais non, le mauvais choix d'une partie des commissaires du Gouvernement sou-

lève les populations, les partis se dessinent, on se sépare !
La crise financière prend des proportions effrayantes, la pa-
nique se répand avec rapidité, on appelle de tous ses vœux le
jour où la souveraineté de l'Assemblée nationale viendra
remplacer le pouvoir temporaire. On espère voir alors la confiance renaître, le commerce et l'industrie reprendre leur
essor; et, le 26 mars, un décret reporte les élections générales
au 23 avril, et la réunion de l'Assemblée au 4 mai ! On met
tout en péril ; le Gouvernement perd de sa force morale, les
bons citoyens sentent leur énergie s'affaiblir ; les comités républicains, avec leur système d'exclusion, leur définition
étrange de républicains de la veille et de patriotes du lendemain, sèment le désordre dans leur propre camp; ils persis-
tent à défendre certaines candidatures impossibles, au lieu de
présenter les hommes de cœur les plus estimés de leurs con-
citoyens ; ils compromettent ainsi la cause populaire ; la réaction va l'emporter ! Elle croit reconnaître dans les indécisions
du pouvoir des symptômes de division, et elle reprend courage, elle lève le masque, elle ne néglige rien pour réussir.
La crainte a fait place à l'ironie, l'audace à la modération. On
prononce bien encore les mots de bonne foi, de ralliement
sincère, mais c'est du bout des lèvres; on désire au fond du
cœur la restauration d'une monarchie aimée, on parle de com-
bats, de combinaisons fédératives, on rêve la division de la
France en séparant du grand centre de Paris les départements,
on croit pouvoir vaincre la République ! Et, dans ce but, on fait
du suffrage universel un usage odieux ; on trompe, on égare
les habitants des campagnes; on leur présente la République
avec la hache et la torche à la main, prête à frapper la religion et ses ministres; on leur fait craindre la dévastation des
propriétés, l'incendie, le pillage. On profite avec habileté de
la semaine de Pâques, époque bien malheureusement choisie,
et des hommes, des prêtres, oubliant le rôle admirable que le

règne de la démocratie réservait au clergé, abusent du caractère sacré dont ils sont revêtus pour obtenir une obéissance aveugle. Ils jouissent de tous les droits de citoyens sans en avoir toutes les charges, ils se font chefs de parti, ils marchent à la tête, des communes entières les suivent, elles votent par ordre et jettent dans l'urne électorale les noms d'hommes qui seront peut-être un obstacle au bonheur de la France.

Ces faits ne se sont heureusement pas reproduits partout ; il est certes des comités républicains dont l'intelligence égalait le patriotisme, le dévoûment. De son côté, une partie du clergé a pratiqué avec élan les maximes démocratiques du Christ ; mais de graves abus ont été commis, sont avérés dans plusieurs départements, et ont fait pencher la balance en faveur des partis ennemis. Il est aisé de s'en convaincre par des enquêtes.

Dieu veuille que le retard apporté dans les élections n'ait point de conséquences funestes pour nous !

Mais, dira-t-on, ce retard a été exigé par le peuple de Paris ; il a fallu céder. Pauvre peuple, si intelligent, si digne dans ton malheur, si calme dans ta force, comme on te calomnie ! — Le peuple demander le retard des élections ? Non : il a seulement voulu pouvoir profiter de ses droits ; il a voulu être à même de voter.—Est-ce sa faute à lui, si quarante jours n'ont pas suffi pour dresser des listes électorales ? Est-ce lui qu'on avait chargé des soins de l'administration intérieure ? et devait-il être victime, si, restant dans les ornières de la routine, on avait mal dirigé le travail ?

Le peuple, dira-t-on encore, ne s'était pas fait inscrire. Eh bien ! il fallait s'empresser de le faire pour lui ; il fallait lui tenir compte de son temps : il était resté assez de jours en avant-garde sur les barricades pour que des fonctionnaires pussent aller à leur tour au devant de lui. Eh quoi ! l'on trouve des agents d'une habileté merveilleuse pour opérer des recensements dans l'intérêt du fisc, et ils seraient impuissants lorsqu'il s'agit d'accomplir un acte solennel, lorsque nous devons fonder sur le vote populaire un gouvernement inébranlable ! Quand on est au pouvoir, c'est pour veiller sans cesse à la cause publique ; on doit songer à l'apathie naturelle de certains hommes qui se fient à leurs mandataires pour les protéger dans leurs intérêts ; et, loin d'attendre qu'ils viennent réclamer leur carte d'électeur, on doit courir la leur remettre, pour leur expliquer la portée immense de leur vote, et les exciter à remplir avec ensemble, avec amour, leurs devoirs de citoyens.

Agir autrement, c'est faire preuve, sinon d'incapacité ou de peu de patriotisme, du moins de négligence coupable.

Si chaque homme porte en lui l'instinct de ses droits, tous sont loin de posséder au même degré la science de l'application. C'est à ceux qui ont l'honneur d'être les délégués de leur puissance à les éclairer, à les guider dans la carrière dès libertés humaines : il ne suffit pas de proclamer un principe ; il faut savoir profiter de ses avantages.

Vétérans dans l'art de faire les révolutions, les Français sont encore à l'état d'enfance pour ce qui touche aux conditions de la vie politique. Le vote universel se montrait à eux entouré de difficultés ; c'était au Gouvernement à les détruire, et à procéder avec ordre et promptitude. Il lui eût été possible de tout prévoir ; et si, après avoir accompli ses devoirs dans toute leur étendue, on était venu inutilement l'entraver, il devait avoir la force de résister : on ne doit jamais craindre de parler énergiquement quand on s'appuie sur la justice et sur la vérité. Tromper le peuple lorsqu'il est dans son droit, c'est un crime ; mais céder à une fraction lorsqu'elle a tort, c'est une faiblesse dangereuse : sacrifier la dignité du pouvoir que l'on tient de tous et en faveur de tous à un parti, quel qu'il soit, c'est faillir à son devoir, c'est descendre au dessous de sa tâche. Une partie du peuple, égarée par des hommes coupables ou insensés, peut être injuste un moment; mais elle revient vite de son erreur : parlez-lui le langage du courage et de la raison, et son cœur vous répondra toujours; les travailleurs seront les premiers à reconnaître qu'après vous avoir confié les intérêts de la société entière, ils seraient coupables, s'ils venaient vous imposer la loi de favoriser les uns au détriment des autres.

Ce n'est donc pas le peuple qui a retardé les élections. Il s'est borné à vous dire que, malgré votre dévoûment reconnu, vous vous êtiez trompé.

Maintenant le mal est fait, et, s'il est irréparable, faisons au moins qu'il nous serve de leçon pour l'avenir. La loi électorale a besoin d'être sensiblement modifiée.

Lorsque, par un vote intelligent, le peuple en masse peut constituer un gouvernement dans toutes ses parties, le suffrage universel est incontestablement la base, la conséquence, le résultat admirable du principe démocratique; c'est la plus haute signification du pouvoir souverain. Mais lorsque l'éducation et l'instruction n'ont pu pénétrer dans toutes les régions sociales, le suffrage universel offre de graves inconvénients : il ne représente nullement la volonté réelle de la nation; il n'est souvent que l'expression des machinations de quelques-uns.

Paris et les grandes villes peuvent être éclairées, mais on doit aussi considérer les campagnes et veiller pour que la majeure partie de la population de la France ne soit point exploitée dans l'accomplissement d'un acte duquel dépendent les destinées de la patrie.

Jusqu'à ce que le Gouvernement, et c'est un des premiers, un des plus saints de ses devoirs, ait donné l'instruction gratuite au peuple, qu'il ait répandu la lumière sur tous les

points du pays, l'exercice du droit de vote doit s'arrêter là
où l'intelligence s'arrête. Pour être électeur, il est indispensable de pouvoir lire et écrire les noms qu'on dépose dans
l'urne. Sans doute, il est des hommes qui, pour ne savoir ni
lire ni écrire, n'en sont pas moins doués de beaucoup d'intelligence et de bon sens, mais il leur est impossible de se
rendre compte matériellement de ce qu'on leur dit de faire,
et par ce seul fait ils peuvent devenir des machines à élections et non des électeurs !

Et qu'on ne dise pas qu'en agissant ainsi, on prive le peuple de ses droits : non, les droits du peuple ne peuvent plus
être méconnus, chaque homme de cœur est là pour les défendre. Mais, tout en les proclamant éternels, il est urgent
d'en diriger l'application.

L'enfant apporte avec la vie son droit d'homme, et pourtant il ne peut l'exercer qu'à l'âge de sa majorité. On a
voulu laisser à son intelligence le temps de se développer
avant de lui ouvrir toutes les voies de la société civile; il doit
en être de même pour la vie politique.

Tout citoyen est électeur de droit, il ne l'est de fait qu'à
la condition de pouvoir se rendre compte de son mandat.
Si vous privez des jeunes gens de talent de la faculté de voter parce qu'ils n'ont pas atteint l'âge requis, vous devez
inévitablement la refuser à ceux qui, bien que plus âgés, sont
moins à même d'avoir la conscience de leurs devoirs.

L'art. 1er de la loi électorale devrait être ainsi conçu :

Est électeur tout citoyen de 21 ans, sachant lire et écrire.

Et comme conséquence naturelle de cet article, tout électeur devrait être tenu d'écrire ou de dicter son bulletin.
Par ce moyen, disparaîtraient les abus, les brutalités qui ont
été commis par tous les partis indistinctement, au moyen
des listes imprimées ou lithographiées.

Qu'on ne s'y trompe pas, et je le dis sans crainte

d'être démenti, si les paysans, au lieu de pouvoir se servir de listes qu'il ne leur était pas même permis d'ouvrir et de montrer, avaient été obligés d'écrire ou de faire écrire leur bulletin, l'Assemblée nationale eût été plus largement républicaine.

Nous avons fait une épreuve, puisse-t-elle nous servir d'enseignement !

Analysons maintenant les actes du gouvernement provisoire depuis le 25 février, jour de son organisation, au 4 mai, époque où l'Assemblée nationale a pris en mains la direction de l'État.

Il résulte des rapports du citoyen Pagnerre, secrétaire-général du gouvernement provisoire, que pendant un interrègne de soixante-douze jours entre la monarchie déchue et l'avènement de l'Assemblée nationale, il a été rendu 295 décrets ou arrêtés d'intérêt public.

Ces décrets ou arrêtés sont divisés en trois catégories qui comprennent : la première, les décrets de politique générale ; la seconde, les actes relatifs à l'amélioration du sort des travailleurs ; et la troisième, les résolutions spéciales sur l'armée, la marine, la justice, l'ordre intérieur, le commerce et les finances.

Nous nous occuperons tout d'abord et d'une manière plus spéciale des décrets qu'on peut considérer comme étant un exposé de principes.

II.

DE LA POLITIQUE GÉNÉRALE.

----

§ 1.

En politique générale, le Gouvernement avait à s'occuper,

A l'intérieur :

Des malheureux morts ou blessés pour la défense de nos libertés ;

Du sort des familles des victimes ;

De la vie des citoyens ;

De leur liberté ;

De leur dignité ;

De leurs droits ;

Des améliorations qui devaient assurer la tranquillité publique, en donnant satisfaction à tous les intérêts.

A l'extérieur :

Il fallait rendre à la France sa part de haute prépondérance ;

Déchirer, non pas seulement en idée, mais en réalité, les traités honteux de 1815, et définir nettement et sans arrière-pensée le système de nos relations internationales.

Les membres du Gouvernement provisoire se sont-ils constamment montrés à la hauteur de leur mission? Examinons :

§ II.

Politique intérieure.

Après le premier décret, en date du 24 février, concernant son organisation, et dont il a été parlé au commencement de cet écrit, le Gouvernement provisoire donne des preuves de sa sympathie pour les héros des barricades.

Les grands enfantements ont toujours leurs douleurs. Les révolutions des idées s'achèvent souvent par les armes. Toutes les saintes causes ont leurs victimes. Le trépas des martyrs de notre indépendance est immortalisé par des funérailles civiques. Ils emportent au tombeau nos larmes et nos regrets. Puissent-ils trouver dans une vie nouvelle le bonheur qui leur a été refusé ici-bas !

La reconnaissance est la première vertu des peuples libres. Le Gouvernement fait adopter par la patrie les fils des victimes de la révolution. Il donne des secours aux blessés et à leurs familles; il affecte au soulagement de leurs maux et de leur misère une partie du prix de vente des ex-résidences royales. Une commission des récompenses nationales s'organise; elle est chargée de signaler à la France les citoyens qui ont bien mérité d'elle. — Heureux ceux qui, après avoir eu leur part du combat, pourront avoir encore leur part de gloire et de triomphe : ils jouiront de leur victoire; l'arbre de la liberté poussera peut-être pour eux tous ses rameaux.

Ces dispositions diverses sont, on doit le reconnaître, dignes d'éloges; elles ont été dictées par le cœur et par la justice. Il reste à prouver maintenant si elles ont été suivies, et si la répartition des fonds a été légale et complète. — Le Gouvernement ne peut tarder à faire à cet égard un rapport motivé.

Le 25 février, lorsqu'une multitude égarée par des esprits exaltés, voulant faire rétrograder la société d'un demi-siècle et nous ramener aux jours néfastes de 93, vient demander le drapeau rouge, le Gouvernement provisoire le repousse avec courage ; il conserve le drapeau tricolore, emblême révéré de nos gloires et de nos libertés.

Animés par un sentiment profond de pitié et de dignité humaine, sans s'arrêter aux difficultés matérielles de la situation, sans craindre les conspirations que la clémence pouvait encourager les réactionnaires ou les anarchistes à faire éclater, le Gouvernement provisoire abolit la peine de mort ; il fait entrer ainsi du premier pas la révolution dans la voie de la paix et de la fraternité. Il ouvre aux regards du peuple le grand livre de la première république, et en efface aussitôt les pages terribles et sanglantes, pour ne laisser à son admiration que les enseignements utiles et sublimes que nos pères y ont écrits.

L'abolition de la peine de mort, en matière politique, a été accueillie avec enthousiasme par les hommes de cœur et de raison. La seule terreur salutaire à imposer aux égoïstes pour les faire concourir au bien-être de tous, c'est de leur donner l'assurance que le peuple entier a la conscience de ses droits, et qu'il est impossible de pouvoir les lui contester désormais.

L'inviolabilité de la vie humaine étant proclamée, on songe à la liberté des citoyens.

Depuis plusieurs années, de braves patriotes gémissaient, enfouis dans les cachots ; ils expiaient, au prix de leur santé, de leurs affections les plus chères, leur dévoûment à la République. L'air de la corruption et du despotisme les étouffait, lorsque l'instant des compensations est enfin arrivé. Après avoir été vaincu tant de fois, le peuple triomphe à son tour, et les prisons s'ouvrent pour ceux qui, placés les premiers sur la brèche, avaient été les premières victimes. Ils renaissent, ils respirent. Ce n'est point une illusion, un mensonge; le rêve de toute leur vie se réalise, le règne de la démocratie s'élève, ils rentrent dans la société, ils vont prendre leur place dans la vie politique!

La mise en liberté des prisonniers pour dettes suit de près l'élargissement des détenus politiques. La contrainte par corps est abolie; et, pour que la liberté de l'homme ne soit plus à l'avenir un vain mot, pour que l'esclavage ne puisse plus trouver d'asile sur une terre française, on décrète l'émancipation immédiate des noirs dans les colonies.

Cela est grand et beau, cela est vraiment républicain; mais, si l'on ne pouvait assez se hâter de rendre à l'homme toute sa liberté, il était indispensable aussi d'être équitable pour tous et de ne pas faire de la joie des uns un sujet de plainte pour les autres. La voix de la raison devait parler à l'unisson avec celle du cœur.

Indigne d'une nation civilisée, contraire à la morale et à l'humanité, l'esclavage était une des hontes de notre époque. La République ne pouvait le tolérer. Mais l'esclavage était depuis long-temps en usage dans les colonies; il formait une partie de la richesse, de la propriété des colons. Les nègres leur appartenaient par droit d'achat, un contrat avait été passé; pour le rompre, il fallait obtenir un consentement mutuel, ou tout au moins accorder de suite une indemnité à ceux que venait de frapper l'annulation de leur traité.

Il est à regretter qu'une mesure juste, mais incomplète, ait porté ainsi à l'improviste le désespoir dans nos colonies, et donné un coup funeste à nos ports maritimes de l'Ouest. Il eût été possible de tout concilier.

Il en est de même pour l'élargissement des prisonniers pour dettes.

La contrainte par corps est incompatible avec nos mœurs; nous pouvons nous débarrasser de ce débris barbare de la législation romaine, dont l'application ne saurait avoir que de fâcheux résultats. Ou le prisonnier pour dettes est un honnête homme, ou un mauvais payeur. S'il est honnête, si la misère seule l'empêche de faire honneur à ses affaires, en le retenant sous les verroux, on commet un crime, on l'empêche de lutter, on le met dans l'impossibilité absolue de se relever, et de trouver dans le travail une vie digne et indépendante. Si, au contraire, en se plongeant dans les habitudes du vice, il est tombé dans un avilissement abject, la contrainte par corps ne sert qu'à lui assurer la vie matérielle aux dépens des créanciers qu'il s'est fait un jeu de tromper.

A de rares exceptions près, la contrainte par corps n'a jamais été favorable à personne ; il était essentiel de la rayer de notre Code. Mais il n'y avait pas là motif suffisant pour priver du bénéfice, ou mieux du résultat de l'application d'une loi existante, ceux qui avaient agi en vertu de leurs droits. On devait abolir la contrainte par corps pour l'avenir, mais, avant d'élargir les débiteurs et de rompre cette fois encore un contrat, il était de toute justice de payer les créanciers.

Le serment politique portait atteinte à la liberté humaine. Pris pour une formule banale par les lâches adulateurs de tous les partis, les ambitieux de toutes les époques, il pouvait être prononcé sérieusement par des hommes sincères ; il pouvait les obliger à devenir parjures un jour ou à agir contre leur volonté, contre leur conscience. La République refuse les services forcés; elle se fie à l'honneur, à la reconnaissance des citoyens qu'elle investit de sa confiance. Elle laisse le champ libre aux opinions. Les fonctionnaires de l'ordre civil, judiciaire, militaire et administratif, sont déliés de leur serment par un décret.

Les titres de noblesse et les qualifications qui s'y ratta-
chaient, contraires au principe de l'égalité, servaient à réor-
ganiser, à fortifier les rangs d'une aristocratie déchue ; ils
étaient une source inépuisable de prétentions et d'abus. La
révolution devait les faire disparaître. La République élève
les hommes en les rendant égaux. Elle ne reconnaît qu'une
noblesse, celle du cœur, le dévoûment à la patrie.

Les peines corporelles infligées dans la marine étaient un
signe de dégradation morale, de barbarie et d'abrutissement.
Le Gouvernement provisoire les a abolis, afin de donner aux
matelots une idée plus haute de leurs devoirs, et leur inspirer plus de respect pour eux-mêmes et pour la discipline.

La presse libre, les publicistes dont la plume hardie était
constamment restée au service de la cause populaire, avaient
été poursuivis avec acharnement par les séides d'un pouvoir
abâtardi. Ouvriers de la pensée, les journalistes avaient com-
mencé avec courage le combat glorieux que leurs frères les
ouvriers de l'industrie sont venus terminer sur les barricades;
ils avaient eux aussi des droits à la reconnaissance publique.
Le Gouvernement provisoire s'empresse d'abolir les condam-
nations prononcées contre eux ; il arrête les poursuites com-
mencées, abroge les lois de septembre, détruit le monopole
des annonces judiciaires. Il rend à la presse la juridiction
naturelle dans ses luttes contre les fonctionnaires publics; il
proclame la liberté d'association, la liberté de la presse, et
protège la liberté des clubs, tout en rappelant à ceux qui dé-
libéreraient en armes qu'on ne doit point tenter de substituer
la violence aux dispositions pacifiques et fécondes.

La liberté de conscience reçoit également une consécration
solennelle. L'état autorise le libre exercice de tous les cultes,
et, comme Dieu est le moteur suprême de l'univers, il invite
les ministres des diverses religions qui sont pratiquées en
France à appeler la bénédiction divine sur le Gouvernement
du peuple.

On inscrit sur les monuments publics les mots de liberté, d'égalité et de fraternité, et, afin que cette devise sublime puisse se graver dans tous les cœurs, on fait appel à la générosité du peuple, on place sous sa sauvegarde les édifices nationaux et les propriétés particulières. Ce n'est pas tout encore, et la France ne sera pas seule appelée à profiter de sa victoire. La Révolution de Février n'est pas seulement une révolution politique, c'est une transformation sociale; l'élan est donné, la fraternité deviendra universelle. Devant ce principe sacré les frontières disparaissent, les barrières s'écroulent, les nations peuvent se tendre la main. Nul ne sera proscrit dans la grande famille humanitaire. Nous saurons donner à l'Europe l'exemple de l'hospitalité. Des ouvriers étrangers sont venus demander un asile à la France; ils sont entrés dans nos ateliers pour y gagner leur pain et celui de leurs enfants; nous devons les protéger. Des hommes égarés par des conseils perfides et intéressés, oubliant ce qu'on doit à des frères et ne songeant plus aux Français établis dans les diverses parties du monde, qui pourraient être victimes à leur tour d'un faux esprit de nationalité, sont venus demander l'expulsion des ouvriers étrangers. Des municipalités départementales leur refusaient même les secours accordés aux fils de la cité. Le Gouvernement provisoire s'est efforcé de réparer le mal : il a ramené les ouvriers nationaux à leur esprit de justice et de raison, et a confié à la sauvegarde des travailleurs français les travailleurs étrangers qu'emploie la France; il a confié l'honneur de la République hospitalière à la probité du peuple. Il était sûr d'être entendu !

Le peuple est souverain, et, comme signe de sa puissance, la justice sera rendue en son nom. Ne craignez point qu'il en abuse, la générosité est compagne de la force, il sera clément et magnanime. Les droits de tous seront sacrés pour lui. Il veut que les journées de février restent à jamais mémorables, que nul crime ne vienne en obscurcir l'éclat.

Le Gouvernement provisoire se rend à la colonne de Juillet pour inaugurer devant la garde nationale, les travailleurs et l'armée fraternellement unis, la grande date de la liberté reconquise. Des acclamations unanimes lui répondent, et le 20 avril, lorsqu'après avoir distribué les drapeaux, il passe en revue près de 400,000 hommes dont le cœur battait ce jour là avec force pour la République, un cri immense, sorti de toutes les poitrines, jurait fidélité au Gouvernement démocratique. L'enthousiasme était à son comble, et l'on pouvait dire alors, avec le grand poète de l'arc de triomphe de l'Etoile :

> « Oh! non, elles ne sont pas vaines
> » Les nobles fêtes de l'honneur! »

Les réjouissances populaires élèvent l'homme et l'exaltent. Mais malheur aux gouvernements qui les exploitent au détriment du peuple, et qui s'en servent pour l'étourdir et le tromper! Du moment où l'on s'écrie avec Néron : Des spectacles et du pain! et la foule sera satisfaite, on est perdu. Les fêtes n'entretiennent l'amour du peuple que lorsqu'il est inspiré par de bonnes lois, par des mesures sages et justes.

Le Gouvernement provisoire a été bien bien inspiré en nous rendant ces solennités où l'industrie et l'agriculture apparaissent dans toute leur majesté, et donnent au travail la dignité et l'honneur.

Enfin le Gouvernement provisoire rend hommage à l'œuvre de la pensée, il affranchit les journaux de l'impôt du timbre, et annonce des modifications importantes pour tous les impôts qui pèsent sur les classes ouvrières. Nous verrons, en examinant les résolutions spéciales sur le commerce et les finances, si la pratique a réalisé les espérances données par la théorie.

Jetons avant un coup-d'œil sur la politique suivie par le Gouvernement à l'extérieur.

§ II.

Politique extérieure.

Le manifeste du citoyen Lamartine était attendu avec impatience par l'Europe. Sa voix allait décider de la guerre ou de la paix ; il tenait dans ses mains les destinées du vieux continent. L'Europe a dû être satisfaite, la France ne fera pas la guerre.

Le citoyen Lamartine a parfaitement compris les tendances pacifiques de notre révolution. Il a fait ressortir, avec cette élévation de pensées et cette noblesse de langage qui le distinguent, les différences qui existent entre la situation de la République française de 1792 et l'état de la France à l'époque où nous sommes. Il a eu raison de le dire, en 1792, deux peuples vivaient sur le même sol. Une lutte terrible se prolongeait entre les classes dépossédées de leurs priviléges et les classes qui venaient de conquérir l'égalité et la liberté. Il n'y a plus de classes distinctes aujourd'hui, la fraternité va tout unir. En 1792, la guerre était une nécessité; aujourd'hui si le peuple combat, ce sera pour la défense de ses droits, pour l'honneur de la patrie. La République, dans la belle acception du mot, est trop pure, trop digne pour vouloir rêver des conquêtes; elle n'a point proclamé la liberté au dedans, pour aller porter les fers de l'esclavage au dehors. Elle rougirait de faire de la propagande sourde et incendiaire. Elle ne recourra aux armes que pour garantir son indépendance, si on osait l'attaquer, ou pour secourir les peuples, ses frères, que le despotisme voudrait terrasser et détruire.

Cette politique est admirable : le seul moyen, en effet, de faire respecter la Révolution, c'est de savoir respecter le gouvernement des autres nations. Il vaut mieux faire entrer l'Europe dans la carrière du progrès par la force de notre exemple et de notre prospérité, que de l'y pousser par la brutalité des baïonnettes. Mais à côté des hauteurs de la théorie, viennent inévitablement se placer les régions matérielles de la réalité. Les perdre de vue, c'est s'exposer à faire fausse route.

La guerre n'est plus considérée que comme une calamité affreuse; le principe de paix a prévalu. Cependant le triomphe de l'ordre n'est pas encore assuré, et la guerre peut être nécessaire, elle peut devenir inévitable. Le devoir d'un gouvernement est d'être toujours prêt à combattre. Lorsqu'on a pour soi la justice et la vérité, on ne doit pas hésiter à avouer hautement la ligne politique que l'on veut suivre. Il est à craindre que le citoyen Lamartine n'ait pas été assez explicite. Il revient trop souvent sur les idées de paix, et, si l'esprit français était moins universellement connu, il finirait peut-être par faire penser à l'étranger que nous redouterions la guerre.

Clair et précis dans la question italienne, il est vague et diffus en ce qui concerne les autres peuples. Ces mots : « *Si l'heure de la reconstruction de quelques nationalités opprimées en Europe, ou ailleurs, nous paraissait avoir sonné dans les décrets de la Providence...* » laissent un champ trop vaste à l'interprétation ; ils peuvent devenir le sujet de déceptions amères pour les amis de la liberté qui se sont soulevés au cri de notre indépendance. Il eût été plus simple et plus noble d'indiquer à l'avance la position que la France prendrait si les peuples, venant à entrer en guerre ouverte avec les souverains despotiques, faisaient appel à nos armes ou à notre influence. Les réticences, l'ambiguïté dans les phrases, doivent être bannies de la diplomatie républicaine; tout doit se faire au grand jour; laissons aux gouvernements corrompus la science des protocoles et le système de bascule, toujours funeste aux nations. Si nous voulons être fidèles à l'esprit de la révolution, arborons au sommet de notre République la bannière de la fraternité, et faisons-la briller aux yeux de l'univers. Ou si la prudence, ce que je conteste formellement, nous condamne pour quelque temps encore à subir la loi de l'égoïsme, et à nous renfermer dans nos murs, gardons-nous au moins de donner aux peuples qui, comme nous, ont soif de liberté, des espérances que nous ne pourrions ou ne voudrions point réaliser.

Ce vague dans les expressions, ce manque de netteté dans les idées que je viens de signaler, se retrouvent surtout, et d'une manière regrettable, dans les paragraphes relatifs aux traités de 1815.

Le citoyen Lamartine s'exprime ainsi :

« Les traités de 1815 n'existent plus en droit aux yeux de
» la République française ; toutefois les circonscriptions ter-
» ritoriales de ces traités sont un fait qu'elle admet comme
» base et comme point de départ dans ses rapports avec les
» autres nations.

» Mais, si les traités de 1815 n'existent plus que comme fait
» à modifier d'un accord commun, et si la République déclare
» hautement qu'elle a pour droit et pour mission d'arriver
» régulièrement et pacifiquement à ces modifications, le bon
» sens, la modération, la conscience, la prudence de la Ré-
» publique existent, et sont pour l'Europe une meilleure et
» plus honorable garantie que la lettre de ces traités si sou-
» vent violés ou modifiés par elle. »

Que sont des traités qui n'existent plus en droit, mais qu'on accepte comme un fait accompli ? Que veut-on dire en déclarant que si la République a pour mission d'arriver pacifiquement à des modifications, sa *prudence* est pour l'Europe une meilleure garantie que la lettre des engagements passés ?

Je l'ignore, et il y a là confusion. En tenant ce langage, la France me ferait l'effet d'un homme qu'on retiendrait prisonnier injustement, et qui croirait être en liberté parce qu'il a le droit d'être libre ; ou d'un rêveur qu'on aurait dépossédé à plaisir, et qui persisterait à se regarder comme étant le seul propriétaire, tout en laissant à ses envahisseurs la jouissance paisible et entière de sa propriété, et qui s'en rapporterait à leur générosité tardive pour rentrer en possession réelle.

La question à poser est simple, et il est facile d'y répondre. Si les puissances étrangères ne veulent point consentir à modifier les traités de 1815, que ferez-vous ? Continuerez-vous à les subir, ou déclarerez-vous la guerre pour les détruire ? La France a déjà répondu : elle fera la guerre ; jamais on ne pourra lui imposer la paix.

Le citoyen Lamartine a des tendances généreuses et pacifiques ; cependant son grand cœur, son patriotisme sont un sûr garant de ses efforts pour garantir l'honneur du nom français, si jamais il était compromis. Il veut la France libre et forte, il souffre des douleurs de toutes les victimes de la tyrannie, il voudrait voler à leur secours ; mais son amour profond pour le gouvernement civil, ses opinions extrêmes et arrêtées sur l'Empire peuvent lui faire désirer trop ardemment la paix. Le coup d'état du 18 brumaire est sans cesse présent à son esprit, il redoute intérieurement une nouvelle atteinte à la liberté, et s'il parle de guerre, ce ne sera qu'à la dernière extrémité. Il craint que le sabre ne vienne encore déchirer le pouvoir du peuple et régner en despote. Il l'avoue lui-même, du reste, dans son manifeste. « La guerre, dit-il, » est presque toujours une dictature. Les soldats oublient les » institutions pour les hommes, les trônes tentent les ambi- » tieux. La gloire éblouit le patriotisme. Le prestige d'un » nom victorieux voile l'attentat contre la souveraineté natio- » nale. La République veut de la gloire, sans doute, mais elle » la veut pour elle-même, et non pour des César ou des » Napoléon ! » Ce sentiment est louable, il part d'un cœur profondément républicain.

Le **18** brumaire a porté en effet le dernier coup à la République de nos pères. Ce jour fut le signal du pas rétrograde de la liberté en France. Mais, on ne doit pas l'oublier, sans les fautes commises par le Directoire, Napoléon n'aurait peut-être pas songé à s'emparer du pouvoir, et son courage, le prestige qu'il exerçait autour de lui, son immense génie qui en font le plus grand homme de l'univers, eussent été consacrés sans partage au service de la République.

Profitez des leçons du passé et fondez en outre d'une manière stable un gouvernement juste et grand. Donnez à chacun sa part d'action et d'influence, faites aimer et admirer la République. Conciliez tous les intérêts, réunissez tous les Français par un lien indissoluble. Ne séparez plus l'armée du peuple et le peuple de l'armée. Parlez aux soldats comme à des citoyens, à des frères ; respectez leurs droits, honorez avec éclat, comme le Directoire lui-même le faisait, leur dévoûment et leur courage, et vous n'aurez plus à redouter alors ni les traîtres ni les ambitieux. La France sera républicaine.

Si, au contraire, par un mouvement irréfléchi que le cœur et la raison condamnent, on oublie que le salut de l'armée est dans la discipline, si on l'expose à tirer l'épée contre le peuple, et qu'on vienne ensuite lui jeter le blâme et le pardon au visage, comme semble le faire la proclamation du 25 février, on la blesse dans sa dignité, on l'irrite, on enfante la discorde.

Le Gouvernement provisoire a voulu éviter la guerre, et cependant elle est à la veille d'éclater. L'Autriche n'abandonnera pas aisément l'Italie, et les massacres horribles ordonnés par les Bourbons de Naples vont hâter l'heure de l'intervention ! Et alors nous aurons perdu trois mois, nous aurons laissé le temps à la coalition de s'organiser, et, loin de pouvoir profiter de l'élan admirable que nous avions donné à l'Europe, nous aurons peut-être à lutter contre une réaction terrible !

On a dit que nous n'étions pas prêts à faire la guerre, et que la Belgique et l'Espagne menaçaient de se lever contre la France. Cette objection est loin d'être sérieuse, le citoyen Lamartine ne doit pas l'ignorer ; les sympathies du peuple belge et des Espagnols nous sont acquises, et nous pouvons facilement mettre sur pied une armée de huit cent mille hommes, parfaitement exercés, en faisant rentrer sous les drapeaux les soldats des classes des dernières années. Que serait-ce donc si la République en appelait au patriotisme de ses fils? Le peuple se lèverait en masse, il marcherait à la frontière comme un seul homme !

Le résultat d'une guerre n'est donc pas à craindre pour nous. Nous pousserions encore de longs cris de victoire, mais il est pourtant à regretter que l'on ne se soit pas préparé tout d'abord à une démonstration puissante, efficace.

III

DE L'ORGANISATION DU TRAVAIL.

Le besoin d'une réforme sociale était depuis long-temps reconnu. A mesure que la politique anglaise qui nous gouvernait tendait à faire de la France une nation purement industrielle, lorsque, sous l'apparence d'une prospérité matérielle, on voilait la honte du pays ; quand l'amour de l'or étouffait tout sentiment généreux, et que l'égoïsme pénétrait par tous les pores dans le corps social, une partie des classes ouvrières devenait de plus en plus malheureuse.

La concurrence se développant dans des proportions effrayantes augmentait le nombre de ses victimes. Le monopole exercé par les magasins monstres, par les centres d'exploitation commerciale, anéantissait le petit commerce. Les épargnes de toute une vie de travail, le courage, l'activité, l'honneur n'étaient plus suffisants pour trouver place dans le monde des affaires. Le succès, les bénéfices venaient se concentrer dans les mains des gros capitalistes ; et, tandis que ces privilégiés de la fortune voyaient s'accroître leurs richesses, et berçaient leurs idées mercantiles dans les vastes salons d'habitations princières, les modestes négociants étaient condamnés à la faillite, et les malheureux ouvriers, qu'on sacrifiait au travail embrigadé des prisonniers ou des maisons religieuses, restaient plongés dans une affreuse misère. Le mal faisait d'épouvantables progrès.

Vainement voudrait-on objecter les avantages offerts au consommateur par les élus du monopole commercial ; ils ne pourraient jamais entrer en compensation avec les douleurs qu'ils enfantent. Quel homme pourrait être heureux de profiter du bon marché, si on lui disait que cette réduction du prix a jeté le désespoir dans les familles des travailleurs ?

Quel cœur ne se soulèverait pas d'indignation en présence de cette horrible exploitation de l'homme par l'homme ? La femme mondaine elle-même rejeterait avec horreur les vêtements soyeux qui la parent, si elle savait qu'ils ont été trempés dans les larmes du pauvre ! Ah ! cherchez de tous vos efforts, c'est votre devoir et votre intérêt tout à la fois, à satisfaire les besoins du public à des conditions avantageuses ; mais ne devenez point de dangereux accapareurs, ne vous servez pas du malheureux qui a faim comme d'un marche-pied pour arriver à l'opulence, car cette conduite est inique, elle assume sur vous une responsabilité terrible ! — La concurrence illimitée a placé entre la prostitution ou la mort une partie de la population parisienne. Les preuves n'en sont que trop connues ! On marchait à des abîmes, à une démoralisation complète, si la secousse régénératrice de février ne fût venue rétablir l'équilibre.

Organisation du travail, tel est le cri qui sortit de toutes les poitrines populaires, le jour de la victoire. Chacun reconnaissait que des améliorations étaient nécessaires, indispensables ; les travailleurs étaient en armes, ils devenaient les maîtres souverains. Nul n'aurait osé alors leur contester leur droit de vie par le travail, leur droit à l'association : il fallait s'occuper d'eux. Le Gouvernement provisoire prend l'initiative. Une commission est instituée ; deux membres du Gouvernement sont placés à sa tête, l'un, le citoyen Albert, ouvrier, fils et ami du peuple; l'autre, le citoyen Louis Blanc, écrivain distingué, qui, après s'être occupé pendant plusieurs années du sort des classes ouvrières, allait pouvoir présenter à l'examen de l'application les résultats de ses longues études. Les travailleurs eux-mêmes, patrons et ouvriers, sont appelés à siéger au Luxembourg. On prépare des enquêtes, on court à la recherche du bien-être de tous.

Diverses mesures suivent de près l'ouverture des travaux de la commission. On reconnaît les droits des invalides du travail. On rend la liberté aux ouvriers condamnés pour fait de grève ou de coalition. On détruit la concurrence fatale que le travail des prisons et des couvents faisait au travail libre et honnête. Le marchandage est aboli. Des bureaux de renseignements gratuits s'établissent. On élève le taux de l'intérêt donné par les caisses d'épargnes. On rend aux déposants les objets engagés aux monts-de-piété, et dont le prêt ne dépassait pas 10 fr. On fait des commandes à l'industrie. On diminue les heures de travail dans les ateliers. On décrète l'achèvement de divers travaux. On vote des crédits extraordinaires ; enfin on constitue les ateliers nationaux. En un mot, on cherche à entrer d'un pas résolu dans la voie de la réforme sociale ouverte par la révolution politique. On pénètre dans le fond de la situation.

Mais bientôt le prestige de la théorie vient s'affaiblir devant les difficultés de l'exécution. On laisse un libre essor à l'espérance. On donne aux illusions le temps de se former; des erreurs sont mises en discussion, le commerce et l'industrie sont dans l'épouvante, l'agitation populaire continue, et les amis du *statu quo*, ceux qui trouvent tout bien, parce qu'ils ont le nécessaire et qu'il ne leur reste plus rien à désirer, profitent de la réaction politique qui commence à s'opérer, ils exagèrent les exagérations de nos socialistes, ils crient très-haut à la destruction, au communisme, et proposent, à la place des améliorations dont ils reconnaissaient l'urgence devant le triomphe du peuple, de revenir aux institutions de l'ancien régime, comme étant, d'après eux, le dernier mot de l'organisation et du bonheur des classes laborieuses !

Ils accusent la commission d'impuissance et de folie, parce qu'entraînée par son désir de vouloir être utile trop vite, elle s'est trompée sur plusieurs points.

On ne saurait le méconnaître, des erreurs, des fautes ont été commises. Au lieu de se laisser absorber par des questions de détail, de se perdre dans des régions imaginaires, il eût été plus prudent d'arrêter, dès les premiers jours de la révolution, ces démonstrations inutiles, ces démarches nombreuses des corporations qui mettaient Paris en émoi, entretenaient la défiance, la crainte, et arrêtaient d'une manière funeste les opérations industrielles et commerciales. Il valait mieux en appeler au bon sens, à la raison, et faire comprendre aux travailleurs qu'il était de leur intérêt de ne pas interrompre les travaux du Gouvernement par des demandes incessantes; qu'on devait se borner à envoyer des délégués chargés de présenter les observations des patrons et des ouvriers, pour qu'elles fussent examinées avec soin, et soumises à l'Assemblée nationale qui seule avait qualité pour prendre une décision définitive.

En un mot, le devoir du Gouvernement provisoire était de se borner à assurer du pain et du travail à ceux qui en avaient besoin, en attendant qu'on pût agir en parfaite connaissance de cause, et opérer des améliorations plus importantes par la fusion de tous les intérêts.

Mais toujours est-il que la commission des travailleurs a rendu de véritables services. Elle a mis un terme aux abus révoltants de l'exploitation, elle a sauvé peut-être la France d'effroyables malheurs.

La législation nouvelle lui devra la reconnaissance des droits des invalides du travail, et la diminution des heures pour les travaux d'atelier, tout en laissant, sans contredit, au chef et à l'ouvrier la faculté de profiter ou non, d'un commun accord, de cet avantage.

L'uniformité de salaire, contre laquelle on a protesté avec tant de force, et cela avec raison, il faut en convenir, donnera sans doute l'idée d'établir la fixation du minimum de salaire. S'il est injuste de ne tenir aucun compte de l'intelligence et des efforts individuels, en rétribuant au même prix le bon et le mauvais ouvrier, le travailleur honnête et laborieux, et le débauché paresseux, il est de toute justice aussi de ne jamais permettre qu'on puisse se servir du travail d'un homme sans lui garantir en retour au moins la vie matérielle. A tout travail sa récompense.

Les théories même les plus incomplètes ont cela de bon et d'utile, c'est qu'elles renferment presque toujours un point applicable. Avec un peu de bonne foi, il est facile de le découvrir et d'en profiter. Les ateliers nationaux resteront également comme une des institutions les plus libérales, les plus salutaires du dix-neuvième siècle. En effet, si l'Etat ne peut se faire industriel lui-même, sans nuire à la liberté individuelle, s'il doit laisser à l'exploitation privée tous les moyens d'action et de développement nécessaires pour assurer sa prospérité, et la mettre à même de lutter avec avantage contre la concurrence étrangère, il est du devoir d'un gouvernement humain de conserver son droit d'intervention, et d'empêcher qu'une partie de la population ne soit entièrement dépossédée au profit de quelques favorisés de l'industrie. L'homme dont la volonté est de vivre honorablement par le travail ne doit jamais être condamné à mourir de faim. L'ouvrier a besoin d'avoir la certitude que, si son patron ne peut lui fournir du travail, ou s'il veut le restreindre à un salaire inacceptable, il trouvera dans les ateliers de l'État asile et protection.

La mauvaise application d'un principe ne peut suffire pour nier l'efficacité du principe lui-même, et si la gestion des administrateurs improvisés des ateliers nationaux n'est pas à l'abri du reproche, s'il est inqualifiable que pendant trois mois on n'ait pu obtenir un recensement exact des travailleurs salariés extraordinairement par l'État, si l'on doit demander un compte sévère, je ne dirai pas du travail exécuté, il peut être insignifiant, et on doit le regarder commé un sacrifice fait à la situation, mais de l'emploi des sommes énormes qui ont été absorbées, si, de son côté, le ministère des travaux publics est coupable de négligence répréhensible; les ateliers nationaux n'en constituent pas moins une grande amélioration sociale. Les supprimer, ce serait vouloir condamner la Révolution elle-même, ce serait tenter d'arrêter l'humanité dans sa marche.

Modifiez l'organisation, cela est indispensable. Qu'à l'avenir l'être ignoble et dégradé ne vienne plus jouir des bienfaits réservés au travailleur honnête. Prenez vos précautions pour qu'une institution admirable ne dégénère pas en abus. Faites que le peuple, le vrai peuple, celui qui travaille et sert dignement son pays, ne soit plus mêlé avec cette race infecte, et bien à plaindre, que rien ne purifie, et qui persiste à croupir dans la paresse ou dans le crime; ne les confondez pas dans vos malédictions, et hâtez-vous de vous montrer humains.

Tant que le problême de la vie à bon marché ne sera pas résolu par la suppression et la diminution combinée des impôts, que le travail et le minimum de salaire ne seront pas garantis à l'ouvrier, que des améliorations notables n'auront pas été apportées dans lès établissements de secours déjà existants, que les monts-de-piété et leurs satellites,

connus sous la dénomination de *commissionnaires nommés par l'administration*, continueront à constituer l'exploitation légale de l'usure sur le malheureux qui souffre, il y
aura toujours des douleurs, et toujours des plaintes légitimes
se feront entendre, des clameurs nouvelles s'élèveront dans
la rue, on demandera impérieusement des réformes et elles
ne pourront être refusées.

A côté des émeutes criminelles que l'or et l'intrigue sou-
lèvent, et qu'un souffle du pouvoir peut détruire, il est des
révolutions que la misère enfante et que nulle force humaine
ne peut vaincre.

Dieu aidant, nous éviterons sans doute de semblables malheurs. L'égoïsme fera place à la justice, et, chacun apportant
sa part de dévoûment, d'expérience ou de savoir, on pourra
se convaincre qu'il est possible de donner satisfaction aux
travailleurs sans compromettre les intérêts des industriels et
la prospérité du commerce et de l'industrie.

J'essaierai de le démontrer dans un ouvrage spécial.

Mais avant, je ne pourrais terminer ici, en ce qui concerne
les actes du Gouvernement provisoire, la question des travailleurs, sans rendre hommage aux idées généreuses du citoyen Louis Blanc, et sans protester de toute mon énergie
contre les brutalités dont il a été victime à la suite de l'é-
chauffourée du 15 mai.

Je n'ai pas l'honnenr de connaître le citoyen Louis Blanc,
je ne partage pas toutes ses idées socialistes, je regrette que
sans le vouloir, et dans des intentions bien louables sans
doute, il ait entravé la reprise des affaires ; je crois même que
l'application d'une partie de son système porterait atteinte à
la liberté humaine ; mais en présence de son dévoûment à
la cause du peuple, des services qu'il a rendus, de la part
glorieuse qu'il a prise dans la révolution, des outrages qu'on
lui a fait subir, malgré son titre de représentant du peuple,

outrages que Louis Blanc a dénoncés publiquement sans
avoir été démenti, il est impossible de comprimer son indignation et de ne pas signaler au mépris de tous les hommes
d'honneur la conduite de ceux qui l'ont si lâchement mal-
traité. S'il est coupable, c'est à la justice et non à des hommes exaltés dont la fureur ne connaît pas de bornes, à prononcer et à le punir.

IV.

DES QUESTIONS SPÉCIALES.

---

§ 1.

Armée. — Marine.

L'examen détaillé des mesures spéciales prises par le Gouvernement provisoire donnerait lieu, comme je l'ai déjà dit, à des développements beaucoup trop étendus pour le cadre de cette publication. Je me bornerai à un simple aperçu.

L'organisation de l'armée et de la marine a subi d'importantes modifications. Plusieurs sont généralement approuvées ; elles ont pour but le bien-être, l'avancement régulier des marins et des soldats, et devront réaliser en temps ordinaire de notables et utiles économies. Il ne saurait en être ainsi de l'arrêté qui déchire d'un trait de plume la deuxième section de l'état-major général dite de réserve, et met à la retraite quatre-vingt-dix-huit officiers supérieurs.

Une telle détermination devait inévitablement soulever de justes et énergiques protestations.

Les sections de réserve sont inadmissibles en principe, elles nuisent à l'avancement mérité, détruisent l'émulation, cette belle vertu du soldat, et privent trop souvent la France du courage et du talent de jeunes militaires distingués auxquels on ferme, pour ainsi dire, la carrière du commandement, et dont on arrête le brillant avenir.

Sous un régime républicain, la faveur doit disparaître devant la légalité. Tout doit suivre un cours normal et régulier. Lorsque l'heure de la retraite a irrévocablement sonné, que le besoin de repos s'est fait sentir pour de vieux braves, ils doivent rentrer dans leurs foyers. Ils ont payé leur dette. C'est à leurs successeurs à la servir désormais et à suivre l'exemple de leurs aînés.

A dater de l'ère républicaine, les sections dites de réserve devaient donc être inévitablement supprimées. Mais tout en songeant à l'avenir, il ne faut pas complétement oublier le passé

La deuxième section de l'état-major général avait été formée en vertu d'une loi. Les officiers supérieurs qui en faisaient partie avaient acquis des droits incontestables à la gratitude de la nation. Leur position dès longtemps fixée et reconnue devait être à l'abri de tout acte rétroactif.

La politique pouvait défendre, je ne le discute pas en ce moment, de recourir, en cas de guerre, au service de certains généraux, dont le dévoûment à la République ne serait sans doute pas sans limites ; mais en face des événements dont l'Europe peut devenir le théâtre, à la veille de livrer au sort des armes les destinées des peuples avides de reconquérir leur liberté, briser indistinctement l'épée d'hommes illustres qui n'ont point oublié le chemin de la victoire, et auraient pu nous défendre, soit à l'extérieur, soit à nos frontières, c'est manquer de justice, de prévoyance, de générosité. Ah ! pourquoi froisser ainsi les nobles caractères, rouvrir de saignantes blessures ? Le regret de ne pouvoir plus répondre avec l'élan de la jeunesse à l'appel de la patrie n'est-il pas déjà trop douloureux pour eux ? devons-nous encore manquer de respect à leur expérience? Et comme si ce coup n'était point assez terrible, on en vient à marchander la modeste récompense donnée à leurs longs services, on renverse en un jour le plan économique des dernières années de leur vie, on réduit de moitié leurs ressources ; c'est à peine si l'on laisse une existence honorable à ceux qui, pour être restés nobles de cœur et attachés à leur pays, n'ont reçu en partage avec beaucoup de gloire que *la cape et l'épée!*

Et vous appelez cela faire des économies! Non, c'est faire au contraire acte de prodigalité désespérante. Pour quelques pièces d'or qu'il vous serait si facile de retrouver ailleurs, vous dépensez, vous absorbez des flots de dévoûment et de patriotisme, vous escomptez le prix du sang versé pour la patrie, vous vous montrez ingrats, et vous jetez le découragement dans notre jeune armée. Quel sort lui serait-il donc réservé à elle, qui n'a pas encore, comme les guerriers de la République et de l'Empire, vingt victoires à présenter à l'appui de la liquidation de ses droits !

Tout espoir n'est heureusement pas encore perdu. L'Assemblée nationale va être appelée à se prononcer sur l'opportunité du décret qui frappe si cruellement de braves militaires, et, sans doute, des voix généreuses s'élèveront pour leur faire rendre justice. Certes, le dévoûment à la patrie ne peut, ne doit pas être égoïste : on combat par devoir et par honneur, mais encore faut-il que des heures d'un repos digne et glorieux soient assurées à ceux que la mort a refusé de frapper sur le champ de bataille !

§ II.

Justice.

Comme la religion, la justice doit planer au dessus de la politique; elle doit demeurer inaccessible aux partis; tous doivent s'incliner devant elle. La justice est d'institution divine, malheur à qui la souille!

Du jour où la justice descend les marches de son tribunal suprême pour entrer dans l'arène des agitations publiques, son prestige s'éteint, sa majesté sacrée se voile. Du jour aussi où le pouvoir tente de porter une main imprudente sur son inviolabilité, du moment où l'indépendance du magistrat n'est plus à l'abri des intrigues, des attaques des factieux, le pouvoir perd de sa dignité, de sa force morale.

La justice est le premier protecteur de la loi. Défenseur des droits de tous, elle veille sur la société entière. Pour l'homme qui comprend ses devoirs, et sait se placer à la hauteur de sa mission, la magistrature est un véritable sacerdoce. Manquer au respect qui lui est dû, c'est ébranler l'édifice social, c'est livrer un pays aux plus audacieux.

Si le cours d'un jugement, si la décision de la loi peut être suspendue par une révocation subite, l'influence salutaire de la justice sur les masses s'affaiblit. Si le juge n'apparaît plus au criminel que comme un homme ordinaire exposé à la haine, à la dénonciation de ses ennemis, il ne tremblera plus à son aspect, la calomnie deviendra son arme redoutable, il cherchera à le faire tomber sous le poids d'une accusation politique. Les chefs de complot conspireront à l'aise, des magistrats hésiteront à les condamner, dans la crainte que, si de vaincus ils deviennent vainqueurs, ils ne se vengent et ne déchirent leur toge, en les renversant avec fureur de leur siége.

Tel pourrait être le résultat du décret qui déclare l'inamovibilité de la magistrature incompatible avec le gouvernement républicain.

Quel doit être le but d'un gouvernement républicain, si ce n'est de laisser à chacun le libre exercice de ses droits, de veiller à la juste répartition des intérêts sociaux, et d'assurer à tous le bénéfice impartial de la loi ?

Quel est le moyen de rendre la justice inébranlable dans sa conviction, si ce n'est de la déclarer inviolable et inamovible.

La magistrature assise doit rester dans son sanctuaire à l'abri de toute atteinte. La loi seule doit pouvoir la frapper. Le magistrat subit la loi commune ; s'il manque à ses devoirs, s'il commet un déni de justice, s'il se rend coupable d'un crime ; si, oubliant le caractère de sa mission, il conspire contre l'Etat, appelez sur lui les rigueurs de la justice et faites prononcer les tribunaux. Mais gardez-vous de vous attribuer la souveraine puissance, et d'abandonner à la volonté d'un ministre un droit qui n'appartient qu'à la loi.

L'inamovibilité de la magistrature civile, du Conseil-d'Etat, de la Cour des comptes, n'est donc pas contraire au principe républicain, car, je le répète, la justice doit, comme la religion, rester en dehors de la politique. Son efficacité sera d'autant plus grande qu'elle sera entourée de plus de garantie de respect et de stabilité.

Ainsi quelle assurance donnerez-vous à l'intérêt privé, si le Conseil-d'Etat, chargé d'introduire la loi civile dans le domaine de l'administration publique, est sujet à révocation ? N'est-il pas à craindre que la volonté des représentants du pouvoir, appuyée d'une ordonnance de destitution ou d'avancement, ne pèse pour beaucoup dans la balance, et que le juge ne soit placé entre sa conscience et son avenir ?

Le même inconvénient se produirait pour la Cour des comptes. Le service de la Cour des comptes, admirable institution de l'Empire, est d'une utilité incontestable. C'est elle qui prononce en matière de finances et décide si la gestion des gouvernants ou administrateurs financiers a été loyale et pure de toute dilapidation. Il est de l'honneur d'un gouvernement, quel qu'il soit, de ne pas faire dire de lui qu'en destituant arbitrairement certains membres de la Cour des comptes, pour les remplacer par des amis dévoués, il a voulu s'assurer la sanction de ses actes. L'Etat doit toujours rester au dessus du soupçon.

Le Gouvernement provisoire a agi avec trop de précipitation en prononçant la révocation de plusieurs membres de la magistrature assise et de la Cour des comptes. Il eût été plus juste et d'une meilleure politique d'ordonner des enquêtes et d'en appeler à une décision souveraine.

Le décret contre l'inamovibilité de la magistrature devra donner lieu à une discussion sérieuse de la part de l'Assemblée nationale.

Il n'en sera pas heureusement ainsi de tous les actes du ministère de la justice ; plusieurs seront hautement appuyés.

A l'avenir, grâce à l'abrogation de l'art. 119 du Code d'instruction criminelle, qui consacrait en matière de liberté sous caution une flagrante inégalité, le pauvre ne subira plus seul le désagrément d'une détention préventive, lorsque le riche, coupable au même chef, pouvait recouvrer sa liberté à prix d'argent.

On évitera également de donner aux juges d'instruction la faculté, sinon de commettre un abus de pouvoir, du moins de préjuger de la décision d'un tribunal.

L'accession aux droits politiques, si rarement demandée et accordée à cause de toutes les formalités ordinaires pour la naturalisation, sera rendue plus facile aux étrangers domiciliés en France.

Les faillis déclarés excusables prendront part au vote.

Les dispositions relatives à la réhabilitation seront modifiées. Le négociant, frappé par le malheur, mais qui lutte avec courage contre l'adversité, verra se rouvrir plus aisément pour lui les portes du commerce et de la société. Il pourra reprendre son essor.

A son tour aussi, le malheureux criminel que le repentir a touché, que le remords dévore, et qui brûle d'expier par de bonnes actions et un travail honorable les crimes de sa jeunesse, retrouvera enfin sa place au milieu de la foule. Le stigmate de l'exposition publique ne l'aura plus marqué au front; il cessera d'être l'objet d'une réprobation universelle. Et peut-être le bonheur viendra encore lui sourire quelquefois, et loin d'être condamné à mourir dans la fange du vice, il pourra se régénérer et se créer une famille.

Les allocations de certains officiers ministériels étaient depuis long-temps l'objet de plaintes légitimes. Elles établissaient un privilége déplorable au profit des huissiers, avoués et notaires. L'opinion publique s'en indignait, et le Gouvernement provisoire a voulu lui donner satisfaction en opérant des réductions diverses.

Cette mesure, excellente en principe, soulève dans son application des questions très-importantes : d'une part, elle intéresse l'humanité et elle est impérieusement nécessaire ; de l'autre elle touche à la propriété et à l'intérêt du fisc.

Une bonne combinaison peut tout concilier. Il sera temps de la développer au moment de la discussion de l'impôt.

§ III.

Commerce.

La situation du commerce à l'époque de la révolution était, on le sait, désastreuse. La rareté du numéraire devenait extrême, et les débiteurs se seraient trouvés dans l'impossibilité matérielle de faire honneur à leurs engagements, si on ne leur avait pas laissé le temps de réaliser des ressources. La prolongation d'échéance pour les effets, traites et billets à payer, accordée par le Gouvernement, a dû avoir de très-bons résultats. Il en sera de même des arrêtés portant réduction des frais de protêt, et suppression des comptes de retour. — Le malheureux jeté par la misère dans l'abîme de la dette sera enfin déchargé d'une partie des frais exorbitants que l'on faisait peser sur lui, et qui ne servaient souvent qu'à le rendre de plus en plus insolvable.

§ IV.

Instruction publique.

Des réformes sociales qu'un gouvernement démocratique devait avoir à cœur d'accomplir, celle de l'enseignement était d'une urgence vitale. Le droit du peuple à l'instruction gratuite est sacré. Il émane du principe républicain, et en est un des avantages les plus précieux. Avec l'instruction, l'homme s'améliore, grandit et s'élève à la hauteur de toute sa dignité. Il comprend le but et les devoirs de la vie. Ce n'est plus un être indifférent et facile à tromper ; ses facultés se développent, il songe moins à son individualité, il se dirige avec intelligence, et marche à grands pas à la lueur du flambeau de la civilisation. Il court à la recherche de la vérité et finit par établir l'harmonie dans l'organisation sociale.

Autant la barbarie et le despotisme avaient intérêt à enfouir le peuple dans les ténèbres de l'ignorance, autant la République a besoin d'éclairer et de fortifier les masses. C'est par elles qu'elle vit, c'est par elles qu'elle est toute puissante. Si, incapable d'agir et de voir par elle-même, une fraction du peuple peut devenir la proie des partis et de l'ambition, et se tourner ainsi contre son propre intérêt, la République s'ébranle par sa base. Gouvernement de tous et par tous, elle ne peut exister qu'à la condition qu'aucun membre de la grande famille ne se séparera d'elle pour semer et fomenter la discorde. Et comment pouvoir compter sur un dévoûment absolu, durable, si le peuple entier n'a pas la conscience de ses devoirs, si l'instruction n'a pas mis en lui l'assurance qu'en dehors d'institutions libérales, généreuses, purement républicaines, il n'y a pour lui que honte et malheur?

Les divisions intérieures sont moins funestes à l'absolutisme qu'aux gouvernements républicains.

Ouvrage d'une minorité privilégiée et injuste, contraire aux droits des hommes, aux lois de la nature, les gouvernements despotiques ont besoin de comprimer sans cesse la majorité, de l'enchaîner dans une dépendance complète, ou de chercher à l'écraser par la force des armes, lorsque, cédant inévitablement tôt ou tard à ses propres instincts, elle veut tenter de rentrer dans un ordre normal.

Edifice construit par tous, au contraire, centre des intérêts généraux, régulateur universel, un gouvernement républicain ne peut et ne doit agir que par l'amour, par la persuasion. Ici, c'est la majorité qui gouverne. Forte de son droit, de la vérité de ses principes, elle doit toujours faire entendre la voix de la clémence et de la raison. Sévère, c'est son devoir, contre les factieux qui ne redoutent pas d'attenter sciemment à sa souveraineté, elle ne saurait se montrer assez magnanime à l'égard des malheureux faciles à égarer, et que les partis ennemis exploitent à leur profit. Malheureusement la loi sur les attroupements prouve que telle n'est pas la pensée de la commission du pouvoir exécutif.

En un mot, la République doit être l'expression vraie de la volonté du plus grand nombre. Elle doit chercher son appui sur un assentiment sincère, et la majorité ne pourra se prononcer en parfaite connaissance de cause que lorsque l'enseignement sera venu l'éclairer, et la mettre à même d'apprécier les avantages immenses offerts par l'organisation républicaine.

Vouloir imposer ses idées, et recourir, même pour faire le bien, à des moyens extrêmes, c'est rentrer dans le système de l'absolutisme, c'est méconnaître le principe admirable de la fraternité, et se perdre, car, sans l'application des principes humanitaires, un gouvernement a peu de chances de durée.

L'enseignement gratuit aurait donc dû être incontestablement l'objet de la sollicitude spontanée du Gouvernement provisoire. Eh bien ! il n'a rien fait à cet égard, et c'est là une de ses grandes fautes.

La création d'une école d'administration est une bonne idée, mais elle ne peut offrir un intérêt médiat. L'établissement dans les arrondissements de Paris de diverses académies populaires, si je puis m'exprimer ainsi, où le peuple serait venu s'instruire aux grandes leçons de la morale et de la politique, aurait été d'une utilité bien plus urgente.

L'organisation du collége de France a aussi besoin d'être modifiée. Les services que peut rendre cet établissement modèle sont d'une haute importance; ils doivent nécessairement éveiller l'attention du ministère de l'instruction publique, et il est douteux que la nomination des onze membres du gouvernement provisoire aux onze chaires nouvellement établies puisse atteindre le but. Tout d'abord, cela peut paraître grand et beau de voir les membres d'un Gouvernement ne pas dédaigner de descendre des hauteurs de la direction des affaires politiques à l'enseignement de la chaire populaire ; c'est faire preuve de modestie républicaine, c'est vouloir prêcher d'exemple. Mais si l'on examine attentivement, le prestige disparaît vîte, l'impossibilité dans laquelle se trouveront les titulaires de pouvoir allier leurs fonctions administratives, leurs devoirs de représentants du peuple, avec les exigences du professorat se montre, et l'on reconnaît que mieux eût valu décerner cet honneur à des professeurs indépendants, choisis parmi les plus dignes, et par voie d'élection, que de se nommer soi-même par acclamation, et s'installer en maîtres, dans les sciences, comme dans la politique et dans l'administration.

L'ouverture d'écoles gratuites sur tous les points de la France, l'enseignement moral et politique mis à la portée de tous ; la révision des programmes, l'augmentation du nombre des examinateurs, et l'amélioration immédiate du sort des pauvres instituteurs primaires, si malheureux et si longtemps oubliés (1), auraient été un des premiers titres de gloire de la République. C'était le plus saint de ses devoirs, la base fondamentale de sa puissance.

Dieu veuille qu'on se hâte de donner satisfaction à un des besoins les plus urgents de notre époque.

---

(1) Depuis que le Gouvernement provisoire a déposé ses pouvoirs, des demandes de crédit pour l'augmentation du traitement des instituteurs primaires ont été faites à l'Assemblée nationale, mais elles sont insuffisantes.

§ V.

Mairie de Paris.

L'administration de l'ex-préfet de la Seine et du conseil municipal a doté, il serait injuste de ne pas le reconnaître, la ville de Paris d'embellissements remarquables. Des quartiers nouveaux ont été construits, d'autres ont été pour ainsi dire transformés. Des fontaines monumentales s'élèvent sur plusieurs points. Les édifices publics, églises, temples et palais, ont été restaurés. La cité devient méconnaissable. Les abords du Panthéon sont magnifiques; aussi tous les nombreux habitants de l'île Saint-Louis et des environs de Notre-Dame jouissent maintenant d'une promenade charmante. L'activité était partout, une impulsion puissante se faisait sentir lorsque la révolution de février a éclaté.

Le citoyen maire de Paris, en reconnaissant aussitôt, sans doute, l'utilité des travaux commencés, a voulu leur imprimer un nouvel élan; il en a ordonné la continuation, et afin de signaler, à son tour, sa direction dictatoriale par l'exécution de plusieurs plans gigantesques, il a décrété l'achèvement de la rue de Rivoli et du Louvre, appelé désormais Palais du Peuple. Il est à désirer que ses projets puissent être réalisés.

Les ressources de la ville de Paris sont considérables. Employées avec habileté, elles peuvent faire face à de grandes éventualités, mais il est important d'en entretenir la production.

Le problême à résoudre par la nouvelle administration municipale sera d'assurer la prospérité du revenu de la ville, et de diminuer cependant, de plus en plus, les charges qui pèsent sur les pauvres et les travailleurs.

C'est dans ce but que diverses mesures ont déjà été prises. Le tarif pour la caisse de Poissy et l'abattage des bestiaux a été révisé, et un tarif équitable sur les vins de diverses qualités est attendu.

La suppression du droit sur la viande est un pas fait dans le système des modifications à apporter dans les droits d'octroi de la ville de Paris. Insignifiant dans son résultat, l'abandon du droit sur la viande devra nous amener inévitablement à l'abolition générale des impôts prélevés sur les subsistances.

La question est grave; s'il est juste d'arriver, par tous les moyens possibles, à diminuer le prix des objets de première nécessité, il est indispensable aussi de ne pas vider le trésor de la ville, afin de pouvoir parer à ses dépenses et faire honneur à ses engagements.

Le conseil municipal, gardien des intérêts de la cité, vérificateur impartial et indispensable des actes administratifs du maire, souvent son guide ou son appui, et qui depuis long-temps déjà devrait être réorganisé, aura à prendre des décisions définitives à cet égard. Le citoyen Marrast lui a ouvert la voie des réformes libérales; il est de l'intérêt général de la parcourir avec persévérance et sans crainte dans toute son étendue.

§ VI.

Finances.

De notre système financier vont dépendre le succès durable de la Révolution et l'avenir de la France. Cette question, éminemment complexe, doit être l'objet des études approfondies des économistes et des hommes d'état. C'est ici qu'il est indispensable de mettre la théorie en présence de la pratique. Les déclamations sont maintenant superflues ; il ne suffit plus de crier à la crise financière, de se perdre en accusations contre un gouvernement qui n'est plus ; il faut s'appuyer sur des preuves, laisser parler la vérité et la raison, arrêter par des chiffres irrécusables la situation financière, et chercher par des efforts incessants à rétablir l'équilibre.

L'application de la plus grande partie des mesures prises pour l'armée, la marine, les travaux publics, le commerce, l'agriculture et l'instruction publique, dépend toute entière des moyens auxquels on aura recours pour relever le crédit public. Vingt volumes de plaintes, de traités financiers, ne sauraient compenser de bonnes mesures immédiates, et un plan définitivement arrêté.

Comme l'a dit tout récemment le citoyen Goudchaux, à l'Assemblée nationale, le numéraire existe, il n'a pas disparu, il se cache. Les détenteurs des fonds ne songent point encore à une émigration, mais ils sont fortement épouvantés, et il est d'une nécessité rigoureuse de ramener la confiance, si l'on veut que la circulation reprenne son activité, et redonne la vie au commerce, à l'industrie, à toutes les transactions, à toutes les opérations sociales.

La confiance est l'âme des sociétés et des gouvernements démocratiques. Sans elle, rien de grand, de stable ne peut s'accomplir, les intérêts opposés sont en présence et ne se confondent point. Tout demeure suspendu, rien ne se coordonne, on reste en guerre ouverte, et des secousses terribles sont la conséquence inévitable de ce malaise général.

Tant que le numéraire continuera à être la représentation la plus attrayante, la plus enviée de la fortune publique, lorsque l'or viendra tout résumer, et que la vie matérielle ne sera possible que par lui, les révolutions auront pour résultat de le retirer de la circulation, et de rendre les capitalistes de plus en plus avares et intéressés.

Du moment où le riche est placé sous l'influence de la peur, il est inhabile à comprendre la science même de l'égoïsme, qui consiste à réclamer sa part des douleurs publiques, pour que son bien-être individuel ne soit pas dangereusement compromis.

Un gouvernement nouveau ne pourrait trop se hâter de s'efforcer à inspirer la confiance, et à apporter le calme dans les esprits. On ne peut atteindre ce but qu'en donnant l'assurance que l'Etat est en mesure de faire honneur à ses engagements, ou dans le cas contraire, en livrant à la publicité, à l'examen, son bilan exact et complet, et en faisant appel à la générosité du peuple pour sauver au pays la honte d'une banqueroute.

Les ruses diplomatiques conduisent à des complications. Dans les embarras extrêmes où l'existence d'un gouvernement est en danger, comme dans les affaires des simples particuliers, la vérité est le moyen le plus sûr pour obtenir des solutions avantageuses. Il faut aller droit au but.

La marche incertaine du Gouvernement provisoire, les réfutations auxquelles ses rapports ont donné lieu, la contradiction, parfois l'irrégularité de ses actes, ont fait naître le doute, la défiance, et préparé des difficultés nouvelles.

Sauf la formation de magasins généraux pour recevoir et mobiliser les valeurs industrielles, commerciales et agricoles, et la réunion des banques départementales à la Banque de France, dont on aurait dû réviser sérieusement les statuts, afin de rendre de plus grands services au commerce, les mesures financières prises par le Gouvernement provisoire peuvent devenir l'objet de graves contestations. Cependant il me semble impossible de porter un jugement sain et impartial avant la mise à exécution du décret relatif au bilan général de l'actif et du passif formant le point de départ financier de la République. En attendant, on est toujours en droit de reprocher au Gouvernement de n'avoir pas fait tout d'abord un exposé lucide et précis de l'état de nos finances. Ce bilan aurait dû nécessairement être un de ses premiers travaux, la plupart des arrêtés qu'il a pris devant résulter inévitablement de la situation du Trésor et ne pouvant être tolérés ou expliqués que par des motifs d'urgence.

Suivre une autre ligne, accabler les contribuables, recevoir et solliciter les dons et offrandes à la patrie, sans jamais donner des explications suffisantes ; payer par anticipation le semestre des rentes, pour venir de suite après détruire le bon effet de cette décision en prorogeant de six mois l'échéance des bons du Trésor ; laisser à l'avenir le soin d'établir un impôt sur le revenu, et commencer par frapper le propriétaire et l'agriculteur, déjà privés, pour la plupart, de la rentrée de leurs loyers ou de leurs fermages, d'une imposition extraordinaire de 45 centimes ; multiplier les appels de fonds sans en faire connaître l'utilité et le résultat : c'est vouloir donner lieu à des suppositions étranges et laisser s'accréditer des bruits exagérés et calomnieux, sans doute, mais toujours nuisibles et peu faits pour entourer le pouvoir de considération et d'estime.

Un gouvernement, si recommandable qu'il soit, doit tenir

à honneur de donner satisfaction à l'opinion publique, en matière de finances surtout. Il est de son intérêt de répandre la lumière sur ses actes, et de les livrer au creuset de la critique la plus sévère.

Si le Trésor n'était pas épuisé, et pouvait faire face aux dépenses de premier ordre, le Gouvernement a commis un abus de pouvoir en ne payant pas à échéance, en contractant un nouvel emprunt, et en établissant des impositions extraordinaires dont l'effet a été désastreux. Si la République se trouvait réellement en présence d'un déficit, on était fondé à recourir à des moyens énergiques ; mais alors pourquoi payer par anticipation le semestre des rentes et donner une fausse espérance, pour faire dès le lendemain suspension de paiements, arrêter même le remboursement sacré des caisses d'épargnes, priver le pauvre de sa dernière ressource, et faire présumer une banqueroute ? N'eût-il pas été bien plus digne de s'expliquer tout d'abord et d'en appeler à la générosité des gros capitalistes et des bailleurs de fonds ?

Dans tous les cas, l'impôt sur les créances hypothécaires devait être préjudiciable et impolitique. Cet impôt frappe injustement la propriété, et vient aliéner le capital sans diminuer en rien la charge de l'emprunteur.

L'utilité de la suppression du cumul d'un traitement d'activité avec une modique pension de retraite, et les réformes introduites dans l'organisation de la Cour des comptes, pourraient être également contestées, mais il me semble indispensable et juste, je le répète, d'attendre la publication du bilan annoncé avant de se prononcer affirmativement. Il serait possible aussi d'analyser le projet du citoyen Duclerc, ministre des finances, et de développer tout un système financier ; mais on s'exposerait, je le crois, à des erreurs regrettables, si l'on ne pouvait s'appuyer sur une base authentique, sur des renseignements incontestables. L'important est de réclamer le compte-rendu de la gestion financière des membres du Gouvernement provisoire depuis le jour de leur installation à l'avènement de l'Assemblée nationale.

Le pays ne saurait rester plus long-temps dans l'ignorance de faits qui l'intéressent à un si haut degré ; l'Assemblée nationale doit être immédiatement mise à même de procéder à une vérification minutieuse, et de sanctionner ou désapprouver les décrets et arrêtés qui ont été rendus. Nous devons tous pouvoir agir enfin en parfaite connaissance de cause, et présenter les moyens que nous croirons les plus aptes à assurer l'exécution des engagements du passé, à préparer les ressources de l'avenir, et à préserver la France des dangers qui la menacent.

V.

CONCLUSIONS.

Après avoir examiné, à mon point de vue, les actes du Gouvernement provisoire, il me reste à résumer toute mon opinion sur l'ensemble de la politique adoptée. Je le ferai sans esprit de parti, mais sans restriction aucune ; je n'écouterai que ma conscience, en rappelant toutefois que l'histoire seule doit porter un jugement définitif : elle seule pourra parvenir à découvrir la vérité au milieu des contradictions émises, des critiques et des éloges multipliés dont sont et seront l'objet les membres de ce pouvoir intérimaire.

Deux questions sont à décider : celle de dévoûment et celle de capacité, de haute direction politique.

La question de dévoûment personnel peut se résoudre à l'avantage du Gouvernement provisoire.

Si l'on se reporte, en effet, aux premiers jours de la révolution, si l'on veut bien se rendre compte de la situation, en songeant aux exigences irréfléchies et terribles de quelques fractions du peuple, aux dangers en présence desquels il fallait agir et délibérer, aux complications qu'un mot, un signe des partis pouvaient amener, au souvenir de la désorganisation complète qui régnait dans Paris, et qui réclamait si impérieusement une direction régulière et active, on ne peut s'empêcher de reconnaître le zèle, le dévoûment dont les membres du Gouvernement provisoire ont fait preuve. Leurs premières mesures faisaient bien augurer de leur administration. Déjà la tranquillité renaissait, on avait confiance, on regardait l'avenir avec calme et sans crainte, on se ralliait avec empressement; chacun était prêt à faire abnégation de ses opinions, de ses sympathies personnelles, en faveur de la République, si le Gouvernement entrait dans la voie du progrès, de l'ordre et de la dignité, si la République se montrait aussi généreuse que forte, aussi juste, libérale dans son application, que grande et magnifique dans ses principes.

La révolution de Février a été vraiment admirable dans les moments qui ont suivi la victoire. Jamais pouvoir nouveau n'a été accueilli avec plus d'enthousiasme; le Gouvernement trouvait un appui unanime et il pouvait devenir à jamais l'objet de la reconnaissance publique, si, profitant des dispositions de la France entière, qui espérait en lui et attendait ses actes pour le juger, il s'était occupé avec un accord unanime des réformes sociales si impatiemment attendues. Malheureusement, il n'en a pas été ainsi, et l'on a vite donné à la réaction prétexte pour se coaliser.

Des opinions diverses se sont bientôt manifestées dans le Conseil, il a manqué de direction politique; l'ambition l'a emporté sur le dévoûment; l'égoïsme des uns, la faiblesse des autres, ont fait naître l'incertitude, la division. On sentait qu'on ne suivait plus une ligne parfaitement tracée : les actes du pouvoir devenaient contradictoires; l'inquiétude commençait à gagner de nouveau les esprits; le peuple se divisait à son tour, plusieurs drapeaux étaient arborés par lui. On oubliait les principes pour s'occuper des hommes; on accusait le système d'exclusion adopté par le Gouvernement. Son avidité, son empressement à s'emparer de toutes les places, de toutes les dignités, les destitutions brutales et inintelligentes de républicáins probes et sincères, lorsqu'on laissait en fonctions des hommes condamnés par la voix publique, et le choix de citoyens inconnus et indignes de représenter la France, ont fait crier à l'injustice et au favoritisme. La réunion d'avril au Champs-de-Mars a surtout porté une atteinte sérieuse au pouvoir du Gouvernement provisoire.

Choisis par le peuple, nommés par lui, les membres du Conseil des Onze semblaient vouloir s'appuyer sincèrement sur les travailleurs, et les faire jouir, en retour, de toutes les améliorations qu'ils étaient en droit d'attendre. Plusieurs décrets témoignaient même d'une certaine volonté de leur venir en aide, et tout faisait présager pour l'avenir une répartition plus équitable des bienfaits sociaux. On doit même reconnaître qu'à cet égard, et c'est là un de ses torts, le Gouvernement avait dépassé le but en donnant aux ouvriers des espérances qu'il serait dans l'impossibilité de pouvoir réaliser, et qui l'exposeraient, par suite, à la nécessité toujours dangereuse pour un Gouvernement de rétrograder et d'être accusé de manquer à ses engagements, ou de laisser les masses s'égarer, s'agiter dans le vague, et devenir la proie des ambitieux qui, pour les exploiter à leur profit, sauront exciter leur ardeur et leur enthousiasme par le tableau de félicités mensongères inventées par les intrigants ou les cerveaux malades.

Les ouvriers, dit-on, s'étaient réunis au Champ-de-Mars pour nommer leurs délégués. Telle n'était pourtant pas l'intention que leur prêtait toute la population de Paris, puisqu'au bruit de leur marche, la garde nationale court aux armes, et une collision est au moment d'éclater. Dès ce jour, deux partis bien distincts se trouvent en présence, la bourgeoisie et le peuple.

Que fait le Gouvernement provisoire devant une démonstration si regrettable?

Loin de s'élever en pacificateur, de donner la main à chacun, de faire entendre la voix de la justice et de la vérité, de réunir les citoyens dans un sentiment de fraternité indissoluble, en disant à ceux qui possèdent d'accomplir leurs devoirs envers ceux qui travaillent et qui souffrent, et en marquant à ceux-ci les limites infranchissables de leurs droits, pour établir et maintenir entre tous un équilibre parfait et durable, on a recours à la dissimulation, on se perd dans des banalités insignifiantes. Après s'être servi du peuple comme d'un marchepied et d'un épouvantail, on faiblit dans sa défense, on n'a plus le courage d'être juste, on veut donner raison à tous, et l'on ne contente personne. Les partis, au lieu de s'embrasser et de se jurer secours et amitié, se mesurent, calculent leurs forces et se séparent. Les uns sentent diminuer leur confiance dans le Gouvernement provisoire, les autres commencent à douter de sa puissance. L'union s'est rompue, on hésite à aller en avant, et, si tous n'ont point encore regardé en arrière, les élections nous ont cependant prouvé avec quelle habileté on avait exploité les fautes des hommes du pouvoir pour les faire rejaillir sur les institutions.

La République, si belle d'espérances et de brillant avenir le jour de la distribution des drapeaux, avait déjà perdu de son éclat, de son prestige, à l'époque de l'avènement de l'Assemblée nationale. C'est là un fait incontestable, malheureux, et dont toute la responsabilité doit peser sur le Gouvernement provisoire.

Basés sur la justice et sur la volonté divine, les principes républicains doivent inévitablement l'emporter sur les divers systèmes de gouvernement que la politique est si fertile à inventer. La vérité ne peut rester éternellement obscurcie, elle saura se faire jour. Un grand pays ne peut rester plus longtemps le partage d'une individualité intéressée. Un peuple d'hommes libres ne saurait demeurer en tutelle; l'esprit humain s'est développé et marche à pas rapides. Le germe de la liberté universelle, apporté par le Christ, et fécondé par le sang de nos pères, a donné enfin des épis : nous touchons au moment suprême de notre indépendance ; l'heure de la moisson est arrivée. Mais, prenons-y garde, il faut pour la recueillir des mains pures et sans taches, des cœurs généreux, des esprits dignes et fermes. Honte à ceux qui voudraient la souiller, et mêler aux bons grains des sillons populaires, l'ivraie de leur égoïsme funeste !

Si l'on ne peut opposer à l'intérêt individuel, à la corruption, qui dirigent presque forcément les gouvernements despotiques, l'abnégation, la loyauté et le dévoûment de tous les chefs du pouvoir républicain, on ne fait rien pour l'amélioration générale, le mal s'aggrave, au contraire, et, pour un maître qu'il n'a plus, le peuple devient la victime de l'incapacité ou de l'intrigue de tous les ambitieux.

La République ne peut s'établir que sur l'honneur ; le désintéressement doit être le point de départ des dépositaires du pouvoir. Tous les membres du Gouvernement provisoire l'ont-ils compris ainsi ? C'est à eux de répondre !

La France attend et demande le compte-rendu de leur mission ; leur trop long silence a fait peser sur eux une accusation sévère ; il a compromis la cause sacrée du peuple confiée à leur garde ; il est de leur devoir, de leur honneur et de leur intérêt d'exposer leur conduite politique au grand jour, et d'en appeler au jugement du public. Il y aurait danger pour eux à s'abriter plus long-temps derrière les déclamations banales et trompeuses. Il faut qu'ils parlent et s'appuyent sur des preuves, s'ils ne veulent augmenter les charges d'une responsabilité déjà si grave et si terrible.

Le Gouvernement provisoire parviendra-t-il à établir que sa direction politique n'a pas entravé la marche de la révolution ? Je le désire, mais ne l'espère pas.

Est-ce à dire que la République soit en danger, que les efforts héroïques du peuple seront vains, ses croyances déçues? Non, non. La République peut avoir besoin de se reconnaître et de prendre des forces, le peuple peut ne pas jouir encore de toutes les améliorations qui lui sont dues, mais la République demeurera inébranlable; nous ne pouvons être privés de nos droits, la France ne retombera jamais dans les ignominies du passé. La République grandira noble et forte; j'ai foi dans la sainteté de son origine et dans la parole de Dieu, qui permettra qu'enfin le royaume du Ciel se fonde sur la terre. Le règne de la justice et de l'humanité sera durable, car, sans la justice et sans l'humanité, nous nous engloutirions fatalement dans l'anarchie, dans la destruction, dans le chaos!

TABLE.

Rennes, Typographie de A. Marteville et Lefas.